Christopher Krause, Jan Reiter, Thomas Haber

Über das Sankt Galler Management-Modell

GRIN Verlag

Bibliografische Information der Deutschen Nationalbibliothek:

Die Deutsche Bibliothek verzeichnet diese Publikation in der Deutschen National-
bibliografie; detaillierte bibliografische Daten sind im Internet über http://dnb.d-
nb.de/ abrufbar.

Impressum:

Copyright © 2009 GRIN Verlag GmbH
Druck und Bindung: Books on Demand GmbH, Norderstedt Germany
ISBN: 978-3-656-04433-8

GRIN - Your knowledge has value

Der GRIN Verlag publiziert seit 1998 wissenschaftliche Arbeiten von Studenten, Hochschullehrern und anderen Akademikern als eBook und gedrucktes Buch. Die Verlagswebsite www.grin.com ist die ideale Plattform zur Veröffentlichung von Hausarbeiten, Abschlussarbeiten, wissenschaftlichen Aufsätzen, Dissertationen und Fachbüchern.

Besuchen Sie uns im Internet:

http://www.grin.com/

http://www.facebook.com/grincom

http://www.twitter.com/grin_com

Fachhochschule der Wirtschaft

- FHDW -

Bergisch Gladbach

Referat

<u>Thema:</u>

Sankt Galler Management-Modell

<u>Verfasser:</u>

Christopher Krause

Jan Reiter

Thomas Haber

2. Studientrimester

Studiengang: Information Science for Business

Studiengruppe: BFW4B8

Studienfach: Soziale Kompetenz II

<u>Abgabetermin:</u>

13.07.2009

Inhaltsverzeichnis

1 EINFÜHRUNG..4

2 DIE DREI DIMENSIONEN..5

2.1 NORMATIVES MANAGEMENT...5

2.1.1 Qualitätsmanagement..5

2.1.1.1 Was ist Qualität?..5

2.1.1.2 DIN EN ISO 9000...5

2.1.1.3 Total Quality Management...6

2.1.2 Corporate Identity..6

2.1.3 Kernaufgabe der Unternehmensführung: Unternehmenspolitik.................7

2.1.3.1 Unternehmensverfassung...8

2.1.3.2 Unternehmenskultur..9

2.2 STRATEGISCHES MANAGEMENT..10

2.2.1 Strategie..10

2.2.3 Herausforderungen des strategischen Managements................................11

2.2.4 Aufgaben des strategischen Managements...11

2.2.4.1 Entscheidungsprozess..12

2.2.4.2.1 STEP-Analyse[20]...13

2.2.4.2.2 Strategieformulierung...14

2.2.4.2.3 Strategieimplementierung..14

2.2.5 Ziel des strategischen Managements...14

2.3 OPERATIVES MANAGEMENT...15

2.3.1 Personalmanagement...15

2.3.1.1 Führungsinstrumente...15

2.3.1.2 Management by objectives[26]...16

2.3.2 Finanzmanagement..17

2.3.2.1 Finanzplanung...17

2.3.2.2 Finanzsteuerung...17

2.3.2.3 Finanzkontrolle..18

2.3.3 Qualitätsmanagement..18

2.3.3.1 Qualitätslenkung..19

2.3.3.2 Qualitätssicherung...19

2.3.3.3 Qualitätsprüfung..20

3. FAZIT 20

4 ANHANG 21

   4.1 EFQM-MODELL FOR BUSINESS EXCELLENCE 21

   4.2 EXKURS: DAS NEUE ST. GALLENER MANAGEMENT-MODELL 21

5 QUELLENVERZEICHNISSE 24

   5.1 ENDNOTEN 24

   5.2 LITERATURVERZEICHNIS 25

   5.3 BILDVERZEICHNIS 28

   5.4 TABELLENVERZEICHNIS 28

1 Einführung

Diese Arbeit befasst sich mit einer interessanten Thematik der sozialen Kompetenz, dem St. Galler Management-Modell. Dies ist ein in den 60er Jahren an der Universität St. Gallen[1] entwickelter Management-Bezugsrahmen[2]. Er dient im Umgang mit komplexen Systemen[3] dem Zweck, die Konzentration auf die entscheidenden Aspekte, Faktoren und deren Zusammenhänge im Unternehmen zu richten, um so richtige Entscheidungen zu tätigen, die zum Wohl des gesamten Unternehmens beitragen. Prof. Dr. Hans Ulrich und Prof. Dr. Walter Krieg entwickelten von 1964 an dieses Management-Modell und verbreiteten es 1972 durch Ihre gemeinsame Publikation. Beide verstanden das St. Galler Management-Modell als einen Orientierungsraster[4]. Ihr Ziel war es, der Vielzahl an unternehmerischen Inhalten eine wirksame, konzeptionelle Ordnung zu geben und dabei sämtliche Aspekte der Führung abzubilden. Seitdem wird dieses Modell fortwährend von verschiedenen, renommierten Professoren aus aller Welt weiterentwickelt und durch die zeitlichen Veränderungen leicht modifiziert.

Das ursprüngliche Modell wird in drei Ebenen gegliedert, die als das normative, strategische und operative Management heutzutage bekannt sind.

Das normative Management (Unternehmensführung) bildet die oberste der drei Ebenen und gestaltet im Zusammenhang mit vorherrschenden Normen, Prinzipien und Regeln die generellen Ziele des Unternehmens, um die Überlebensfähigkeit und Entwicklung desselbigen zu sichern.

In die mittlere Schicht des Modells gliedert sich das strategische Management ein, dessen Aufgaben es ist, Strategien und Vorgehensweisen für die Verfolgung der Unternehmensziele der „obersten Führung" zu entwickeln, also der Aufbau, die Erhaltung und Verwertung von Erfolgspotentialen.

Die Gliederung endet mit dem operativen Management, das sich in der untersten Ebene des Modells ansiedelt. Hier stehen die Prozesse der exekutiven Führungsbereiche und des Qualitätsmanagement im Hauptaugenmerk. Ebenso steht die Aufgabe im Mittelpunkt, dass das Unternehmen effektiv und vor allem effizient arbeitet, sodass das operative Management für oder gegen die erarbeiteten Methoden des strategischen Managements entscheidet.

Dieses Referat soll einen möglichst weitreichenden Überblick über den komplexen Sachverhalt geben, denn das Ziel dieser Ausarbeitung ist es, strukturiertes und klassifiziertes Wissen über die inhaltlichen Aspekte des auf den drei Ebenen operierenden St. Galler Management-Modells zu vermitteln.

2 Die drei Dimensionen

2.1 Normatives Management

2.1.1 Qualitätsmanagement

2.1.1.1 Was ist Qualität?

Seitdem es Industriestaaten gibt, liegt ein besonderes Augenmerk auf der schwierigen Beantwortung dieser kurzen, einfachen Frage, da sich der Qualitätsbegriff ständig verändert und weiterentwickelt.

Sie wurde in den vergangenen acht Jahrzehnten im Bereich der Produktion so gelöst, indem die verwendeten Maschinen durch den technologischen Fortschritt immer toleranzärmer wurden (Qualitätskontrolle) und somit eine gleichbleibende Qualität garantiert werden kann (Qualitätssicherung). In diesem Zuge entstand in Deutschland das Normensystem[5] DIN ISO 8402, die Qualität als *„die Gesamtheit von Merkmalen einer Einheit bezüglich ihrer Eignung, festgelegte und vorausgesetzte Erfordernisse zu erfüllen "*[6] definiert.

Problematisch wurde diese Definition in den letzten Jahrzehnten im Bezug auf den immer bedeutenderen Dienstleistungssektor, sodass die im Jahr 2000 eingeführte, neue Qualitätsnormfamilie DIN EN ISO 9000 aktuell Qualität als das *„Vermögen einer Gesamtheit inhärenter[7] Merkmale eines Produkts, eines Systems oder eines Prozesses zur Erfüllung von Forderungen von Kunden und anderen interessierten Parteien "*[8] bezeichnet.

2.1.1.2 DIN EN ISO 9000

Dieses neue Normensystem ist derzeit als deutsche (DIN[9]), europäische (EN[10]) und internationale (ISO[11]) Normenfamilie gültig und gehört somit zu den weltweit anerkannten Qualitätsnormen. Die 9000er Normenreihe erstreckt sich von ISO 9000 bis 9004 und deckt die Standardisierung des gesamten, unternehmerischen Qualitätssicherungssystems, inklusive des Qualitätsmanagements[12], ab. Diese Qualitätsmanagementnormen schreiben trotz allgemeinen Missglaubens nicht vor, wie das Qualitätsmanagement und dessen Abläufe durch die Unternehmensführung geregelt werden sollen, sondern bestehen aus drei wesentlichen Punkten:

- Erklärung der Begriffe und Grundlagen des Qualitätsmanagements (ISO 9000);
- Konkrete Anforderungen an das zu zertifizierende Qualitätsmanagementsystem (ISO 9001);
- Leitfaden zur ständigen Verbesserung des Qualitätsmanagements (ISO 9004).

2.1.1.3 Total Quality Management

Dieser angesprochene Leitfaden richtet das Unternehmen bei Benutzung und Verfolgung aller niedergelegten Anregungen auf das sogenannte Total Quality Management aus. Übersetzt bedeutet dies „umfassendes Qualitätsmanagement", da es alle technischen sowie nicht-technischen Tätigkeiten eines Unternehmens betrifft und auf die Einführung der Qualität und dessen langfristigen Nutzen für alle betroffenen Parteien als Systemziel durch eine andauernde, kontrollierende und organisierende Tätigkeit aller beteiligten Mitglieder der Organisation abzielt[13].

Dieses soziotechnische System wird meistens in Deutschland konkret anhand des weitverbreiteten European Foundation for Quality Management-Modells (kurz: EFQM-Modell) for Business Excellence[14] umgesetzt (allgemeines Modellschema im Anhang). Es wurde im Jahr 1988 entwickelt und hilft dem normativen Management durch die ganzheitliche Sichtweise auf das Unternehmen und die permanente Betrachtung und Verbesserung aller Prozesse, seine zukunftsorientierten Entscheidungen abzuwägen und somit richtig zu treffen.

Mit dem EFQM-Modell for Business Excellence wird also die Philosophie eines integrierten Managementmodells (wie nach Prof. Dr. Knut Bleichers Konzept des integrierten Managements von 1991), angepasst an die heutigen Umstände und Einflüsse eines komplexen Systems, bereitgestellt.

2.1.2 Corporate Identity

Auf Basis dieser Erkenntnisse kann ein Unternehmen seine „eigene Identität" entwickeln (Marke) und sich somit von den im Wettbewerb stehenden Konkurrenten positiv abheben, da die Organisation durch die markante Persönlichkeit als homogener Akteur von allen Seiten wahrgenommen wird. Dazu muss das Unternehmen ein leicht merkbares und vor allem einheitliches Erscheinungsbild besitzen, nach außen (z.B. zu den Kunden, Lieferanten) sowie nach innen (zu den Mitarbeitern).

Die Unternehmensidentität spiegelt grundsätzlich die vorherrschende Unternehmensphilosophie wider, die mit Hilfe der Instrumente des „Identitäts-Mix" realisiert werden kann:

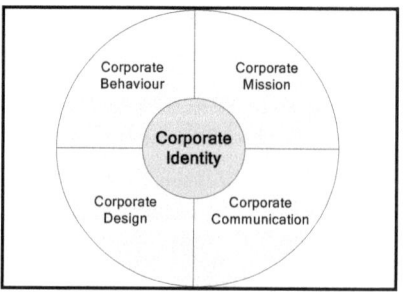

Abbildung 1: Identitäts-Mix

Instrument des „Identitäts-Mix"	Funktion
Corporate Communication	ganzheitliche, gesamte Unternehmenskommunikation (öffentlich und firmenintern)
Corporate Design	andauernde Verwendung des gleichen, visuellen Erscheinungsbilds (z.B.: Firmenlogo, Fahrzeuge, Geschäfte)
Corporate Behaviour	einheitlicher Umgang aller Mitarbeiter des Unternehmens (gegenüber der Öffentlichkeit und firmenintern)
Corporate Mission	Verfolgung des Unternehmensleitbilds; Setzen einer unternehmerischen Vision

Tabelle 1: Instrumente des „Identitäts-Mix"

2.1.3 Kernaufgabe der Unternehmensführung: Unternehmenspolitik

Ausgehend von der Unternehmensphilosophie und der durch die Corporate Identity entstandenen Vision des Unternehmens als Leitstern verfolgt das normative Management – wie im St. Galler Management-Modell beschrieben – eine einzige, komplexe und kontinuierliche Tätigkeit, nämlich die Unternehmenspolitik.

In ihr werden die Unternehmensziele abgeleitet, formuliert, und zusammen mit weiteren Maßnahmen, die das gesamte Unternehmen betreffen, schlussendlich auch durch die Unternehmensführung durchgesetzt. Dadurch werden die grundsätzlichen Züge der zukünftigen Weiterentwicklung der Organisation durch die Unternehmenspolitik festgesetzt, um auf langfristige Sicht die Autonomie des komplexen Systems zu gewährleisten.

Aufgrund dieser brisanten und wichtigen Thematik gibt es zahlreiche Anspruchsgruppen des Unternehmens, die mit ihren verschiedenen Zielsetzungen auf diese Entscheidungsfindungen Einfluss nehmen wollen, können und auch tun, sodass dies zwangsläufig zu Interessenkonflikten unter den Parteien führt.

Deshalb dient die Unternehmenspolitik in erster Linie der Konsensfindung aller am Unternehmen Beteiligten. Man unterscheidet in diesem Zusammenhang zwischen den internen und externen Anspruchsgruppen („Stakeholder"), siehe Abbildung 2, deren speziellen

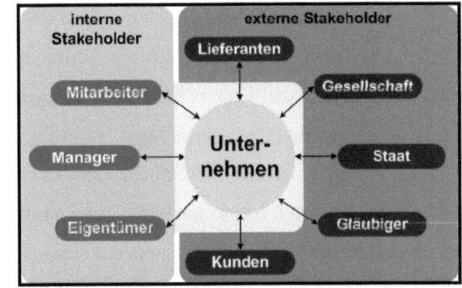

Abbildung 2: Stakeholder eines Unternehmens

Bedürfnisse das Unternehmen weitestgehend befriedigen soll, um so im besten Fall die Beziehungen zu allen möglichen Stakeholdern in Einklang zu bringen. Dies ist aber äußerst schwierig, da die Entscheidungsmacht nicht homogen unter den Parteien verteilt ist. Dieses Prinzip trägt den Namen Stakeholder-Ansatz bzw. Stakeholder-Relationship-Management (kurz: SRM).

In zweiter Linie steht die Unternehmenspolitik auch noch in starker Interdependenz zu der Unternehmensverfassung, die die konstitutionelle Rahmenordnung darstellt, und der Unternehmenskultur, die die vorherrschenden, gültigen Normen und Handlungsweisen durch das Verhalten der Mitglieder eines komplexen Systems zum Ausdruck bringt.

Beide stehen wiederum im engen Zusammenhang zueinander, sodass die Organisation einer ständigen Dynamik des Wandels unterliegt, was die Unternehmensführung bei ihren Entscheidungen nicht außer Acht lassen darf.

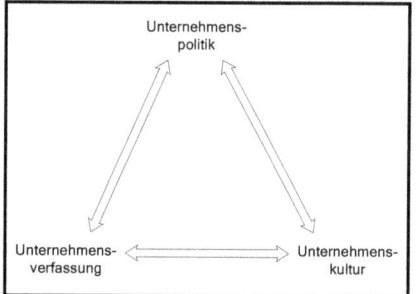

Abbildung 3: Normatives Management

So tragen die Verfassung und die Kultur zum Entstehen der Unternehmenspolitik bei, wogegen aber die Unternehmenspolitik die Verfassung nach ihren Vorstellungen gestaltet und somit die Entwicklung der unternehmerischen Kultur sehr prägt.

2.1.3.1 Unternehmensverfassung

Jedes Unternehmen braucht also eine strukturierte Ordnung, um die Zusammenarbeit der unterschiedlichen Interessensgruppen langfristig zu ermöglichen. Auf Grund dessen existiert in Anlehnung an die Verfassung eines Staates auch bei Unternehmen eine eigene, gültige „Unternehmensverfassung", die durch ihre Regelungen die Aktivitäten und Entwicklung des Unternehmens bzw. seiner Repräsentanten bestimmt.

Somit ist sie eine explizite Grundsatzentscheidung für die gesamte Organisation, die durch die Unternehmensführung grundsätzlich frei gestaltet werden kann. Bei der Erstellung ist jedoch darauf zu achten, dass es gesetzliche Richtlinien gibt, die der Staat erlass, um die willkürliche Entwicklung von Unternehmensverfassungen zu begrenzen. So bilden handelsrechtliche und gesellschaftliche Gesetze einen bedeutenden Teil jeder Unternehmensverfassung, die beispielsweise die Mitbestimmung der Anspruchsgruppen auf Betriebs- und Unternehmensebene regeln. Die getroffenen Entscheidungen berücksichtigen bestenfalls alle Interessen der wichtigsten Stakeholder und sind dabei auch noch untereinander relativ ausgeglichen, da die Unternehmensverfassung als Vorgabe für die reelle Umsetzung durch das strategische und operative Management dient.

Sie regelt im Wesentlichen fünf, unentbehrliche Grundsätze eines komplexen Systems:

Reihenfolge nach Wichtigkeit	Unternehmensgrundsätze
1	Zwecksetzung und Selbstbildnis des Unternehmens (Ziele und Aufgaben)
2	Kompetenzsystem durch Unternehmensorgane (Entscheidungsbefugnisse und Verantwortlichkeiten)
3	Grundrechte und grundsätzliche Pflichten aller Unternehmensmitglieder
4	Träger des Unternehmens (Mitbestimmung der Unternehmensberechtigten)
5	Formulierung von Schlichtungs- und Entscheidungsregeln in Konfliktsituationen

Tabelle 2: Grundsätze der Unternehmensverfassung

2.1.3.2 Unternehmenskultur

Die Unternehmenskultur (oder auch engl.: Corporate Culture) bildet in gewisser Weise genau das Gegenstück zur Unternehmensverfassung, obwohl beide sehr eng miteinander verflochten sind.

Sie stellt die Entwicklung und den Einfluss kultureller Normen, Wertvorstellungen und Verhaltensmustern innerhalb eines Unternehmens dar und prägt – im Gegensatz zur Unternehmensverfassung – implizit den täglichen Umgang der Organisationsmitglieder.

Dabei entwickelt sich die Corporate Culture durch äußere Einflüsse (z.B. Umwelt) wie auch durch die allgemeine Akzeptanz oder Ablehnung firmeninterner Verhaltensweisen (z.B. Anredeform, Kleidung, Kommunikationsstil) ständig weiter.

Da sie von der Öffentlichkeit, insbesondere den Kunden, deutlich wahrgenommen wird, ist die Organisationskultur ein sehr wichtiger Aspekt der Verhaltensdimension des normativen Managements, da bei einer Widersprüchlichkeit zwischen „gelebter" Unternehmenskultur und „gestellter" Corporate Identity das Unternehmen an Glaubwürdigkeit verliert, was die Unternehmensführung natürlich verhindern will.

2.2 Strategisches Management

Dieser Abschnitt beschäftigt sich mit den Gegebenheiten der zweiten Ebene des St. Galler Management-Modells, dem strategischen Management.

Dieser Begriff hat sich erst relativ spät – etwa seit Anfang der 70er Jahre – in der Betriebswirtschaftlehre etabliert.

Das strategische Management besteht aus einem Produkt des intensiven Zusammenspiels von Praxis und Wissenschaft. Das ist deshalb für das strategische Management vorteilhaft, da sich die Forschung so intensiv mit den Fragen, die aus der Praxis kommen könnten, beschäftigt und es deshalb viele theoretische Modelle gibt, die einem die strategische Ausrichtung eines Unternehmens erleichtern sollen. Doch aus dem Vorteil kristallisiert sich auch ein Nachteil heraus. Aufgrund der Tatsache, dass der theoretische Gehalt des strategischen Managements und dessen Planung so zahlreich sind, sind diese Modelle und Theorien teilweise auch nur minderwertig entwickelt.

Die Hauptfragen, die sich ein Unternehmen stellen muss, um Aufgaben, die die Strategien eines Unternehmens betreffen, bewältigen zu können, sind: „Wo sind wir jetzt?"; „Wo gehen wir hin?" (strategische Ziele) und „Wie kommen wir dahin?". Mit den Antworten auf diese Fragen wird die strategische Ausrichtung einen Unternehmens einfacher.

2.2.1 Strategie

Um das strategische Management besser verstehen zu können, soll nun erst einmal der darin enthaltene Begriff „Strategie" analysiert werden. Was hat die Strategie für eine Relevanz im Management? In diesem Zusammenhang lässt sich „Strategie" am Beispiel von Sport erläutern:

In jedem Team herrscht eine Strategie, mit der man versucht, die am Anfang festgelegten Ziele – einer Saison zum Beispiel – zu erreichen. Genau so ist es auch bei dem Strategiebegriff in einem Unternehmen zu betrachten. Jedes Unternehmen hat eine Strategie, mit der sie Verhaltensweisen im Unternehmen festlegt und mit der sie die Unternehmensziele, die durch das normative Management festgelegt wurden, erreichen will.

2.2.2 Strategische Entscheidungen

Das strategische Management bietet drei Möglichkeiten, strategische Entscheidungen zu treffen. Die Bereiche, in der Entscheidungen getätigt werden können, sind a) die Strategie, b) die Struktur und c) das System.

„Strategien" sind der Ausgangspunkt und Mittelpunkt des strategischen Managements. Sie bestimmen die geschäftliche Ausrichtung des Unternehmens.

Im Bereich der „Struktur" trifft man Regelungen, wie zum Beispiel die Zusammenarbeit der Mitarbeiter definiert werden soll.

Unter „System" versteht man die Ausrichtung der Unternehmensstruktur. Dort unterscheidet man zwischen der Matrixorganisation, der divisionalen Organisation und der funktionalen Organisation. Sie lassen sich anhand der Unterstellungsverhältnisse und anhand der Befugnisse unterscheiden, so kann ein Unternehmen seine Strategie über die Organisation ebenfalls umsetzen.

2.2.3 Herausforderungen des strategischen Managements

Die Fragen, die sich viele Menschen stellen, sind: Warum lassen sich die Probleme, die natürlich auch als Herausforderung gesehen werden können, nicht nach einem einheitlichen Lösungsmuster bewältigen? Welche Schwierigkeiten tauchen für Führungskräfte immer wieder auf oder stellen sich in veränderter Variante neu dar?

Eins der grundlegenden Probleme ist, dass die Zukunft nicht vorhergesagt werden kann – weder von Führungskräften noch von jemand Anderem. Änderungen der Umwelt durch neue Technologien, Wechsel der Kundenanfragen, Aktionen der Konkurrenz sowie staatliche Eingriffe sind kaum für ein Unternehmen prognostizierbar – und noch viel weniger, wenn die beschriebenen Problematiken in Kombination auftreten.

So etablierte sich der Satz: „Je weiter man in die Zukunft blickt, auf desto unsicherem Boden steht man!"

2.2.4 Aufgaben des strategischen Managements

Manager bestimmen die Strategie eines Unternehmens, indem sie durch Entscheidungen die grundsätzliche Richtung eines Unternehmens bestimmen oder maßgeblich beeinflussen. Da es meist nicht ganz einfach ist, die grundsätzliche Unternehmensausrichtung zu verändern, beanspruchen strategische Festlegungen langfristige Gültigkeiten[15].

Ziel dieser strategischen Entscheidungen ist es, den langfristigen Erfolg eines Unternehmens zu sichern, da nur dieser es ermöglicht, neben der Konkurrenz zu bestehen oder womöglich besser zu sein.

Um jedoch diesen zukünftigen Erfolg zu sichern, müssen Entscheidungen getroffen werden, die sowohl die interne[16] als auch externe[17] Ausrichtung des Unternehmens bestimmen. Sie beziehen sich also auf die

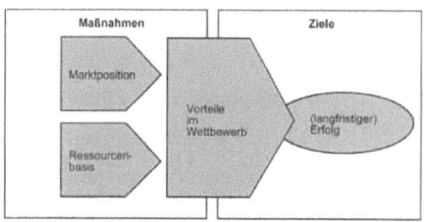

Abbildung 4: Strategische Aufgaben

Positionierung des Unternehmens in seiner Umwelt, speziell seinem Markt und auf die Ausgestaltung seiner Ressourcenbasis[18]. Das heißt nicht zwingend, dass jede strategische Entscheidung tatsächlich die Marktausrichtung oder Ressourcenausstattung des Unternehmens verändern muss, aber die Möglichkeit einer solchen Veränderung wird stets in die Entscheidungen miteinbezogen.

Strategische Entscheidungen müssen aus einer übergreifenden Perspektive getroffen werden. Es reicht nicht, wenn eine Organisationseinheit zwischen Anderen Entscheidungen trifft. Es muss jemand sein, der alle Organisationseinheiten betrachtet und zum Wohle Dieser Entscheidungen fällt.

So ist es in erster Linie Aufgabe des Top Managements[19] diese Aufgabe zu erfüllen, denn es hat die Möglichkeit, das Unternehmen global zu betrachten.

2.2.4.1 Entscheidungsprozess

Strategisches Management kann idealtypisch auch als Entscheidungsprozess beschrieben werden, der in die Teile der „strategischen Analyse", der „strategischen Formulierung" und der „strategischen Implementierung" unterteilt wird.

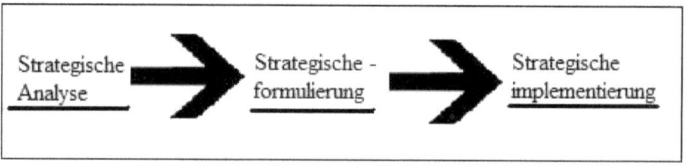

Abbildung 5: Entscheidungsprozess

2.2.4.2 Strategische Analyse

Im Rahmen der „strategischen Analyse" werden vor allem Aspekte der Zielplanung und des Zielbildungsprozesses aufgegriffen, um ein allgemeines Verständnis für die Bedeutung von Zielen zu vermitteln. Hier müssen Fragen geklärt werden, wo das Unternehmen derzeit auf dem Markt steht und welche Stärken und Schwächen es aufweist. Ebenfalls macht man in diesem Zusammenhang eine interne und externe Analyse.

Die interne Analyse beschäftigt sich mit der Unternehmensanalyse. In ihr werden Zusammenhänge und Abhängigkeiten im Unternehmen sowie im Zusammenspiel mit externen Faktoren erforscht und dargestellt.

Die externen Faktoren werden in der externen Analyse ermittelt. Hier wird die Umweltanalyse zur Hilfe genommen. Sie geht auf die Faktoren ein, die innerhalb eines Unternehmens bestehen und auf die, die auf ein Unternehmen einwirken können. So wird die Umweltanalyse in drei Ebenen gegliedert:

Zuerst die Innere Analyse – Diese beschäftigt sich mit den unternehmensinternen Faktoren und erarbeitet im engeren Sinne gleiche Ergebnisse wie die Unternehmensanalyse.

Die zweite Ebene ist die Nah Analyse – Sie beschäftigt sich mit Faktoren, die ans Unternehmen „angebunden" sind, wie Kunden, Lieferanten und direkte Konkurrenten. Auf dieser Ebene lässt sich nicht nur analysieren, sondern auch schon operieren, denn zum Beispiel ist hier das Marketing tätig, indem es in diesem Umfeld Marktsituationen analysiert und in diese eingreift.

Die letzte Ebene ist die Ferne Analyse – Sie beschäftigt sich mit Faktoren, die ein Unternehmen nicht beeinflussen oder kontrollieren kann, wie zum Beispiel politische Aspekte.

2.2.4.2.1 STEP-Analyse[20]

Um diese Einflüsse strukturierter ermitteln zu können, gibt es die STEP Analyse. Sie ist ein Modell der fernen Umweltanalyse. Sie zeigt auf, welche Einflussfaktoren in der Vergangenheit von besonderer Bedeutung waren, in welchem Umfang sich diese künftig verändern werden sowie welche Auswirkungen sich daraus auf das Unternehmen oder die gesamte Branche ergeben. Sie hat vier Beurteilungsfaktoren:

A) Die sozialen Faktoren. Diese beschäftigen sich mit Werten wie Lebensstil der Menschen, dem Bevölkerungswachstum und anderen Faktoren.

B) Die technologischen Faktoren. Hier wird die Produktpolitik[21] angewendet, dessen Aufgabe es ist, zu analysieren wie sich Produkte und deren Lebenszyklen verändern.

C) Die ökonomischen Faktoren. Hier wird die Wirtschaft beobachtet, zum Beispiel wie sich die Inflation[22] entwickelt.

Zuletzt werden D) die politischen Faktoren untersucht. Wie der Name schon sagt, geht es hier um politische Stabilität, Steuerrechtlinien und andere Eingriffe durch den Staat.

2.2.4.2.2 Strategieformulierung

Im Abschnitt der Strategieformulierung werden Strategien, die das Unternehmen zum langfristigen Erfolg führen sollen, entwickelt. Hier werden die gegeben Ziele betrachtet und Aktionen getätigt, die zur Strategie führen. Ebenfalls gehört die Beurteilung von Strategiealternativen mit zu einem der obersten Punkte.

2.2.4.2.3 Strategieimplementierung

Damit in einem Unternehmen Strategien verwirklicht werden können, müssen konkrete Handlungen geschehen. Hauptaufgabe der Strategieimplementierungsphase ist es, im Rahmen des strategischen Managements diese Handlungen sicherzustellen und somit die Einführung der Strategien zu gewährleisten.

Ebenso stellt es eine Kontrolle dar, die gewährleistet, dass die geforderten Aktionen aus der vorherigen Phase umgesetzt wurden und prüft, ob gegebenenfalls Anpassungen nötig sind.

2.2.5 Ziel des strategischen Managements

Die am häufigsten gebrauchte Zielsetzung des strategischen Managements ist die Maximierung des Shareholder Values[23]. Da dieser zum großen Teil von den Veränderungen der Aktienkurse abhängig ist, hat man in ihm einen optimalen Messwert. Bevor jedoch der Shareholder Value als Indikator für den Erfolg des strategischen Managements benutzt werden kann, muss zuvor hinterfragt werden, ob der Erfolg für Aktienkurse überhaupt vom strategischen Management abhängt. Langfristig kann der Kapitalmarkt nicht die Wertentwicklung eines Unternehmens widerspiegeln. Dafür gibt es auf langer Sicht zu viele Faktoren, die einen Kurs beeinflussen könnten. Zum Beispiel können einzelne Manager durch schlechte Nachrichten in der Öffentlichkeit einen Kurs zum Sinken bringen, ohne dass so etwas vorher in die Planung des strategischen Managements hätte einbezogen werden können.

So ist in der Wirtschaft der Shareholder Value ein sehr skeptisch betrachteter Wert, der den Erfolg des strategischen Managements widerspiegeln soll.

Der Erfolg ist nicht nur durch die entwickelte Strategie gegeben, auch die Leistungsfähigkeit der Organisationen spielt eine große Rolle. Damit einzelne Organisationen maximale Leistung erbringen können, müssen sie nicht nur finanziell gefordert sein, sondern sich vor allem mit den Zielen identifizieren können.

So ist es wichtig, dass bei der Entwicklung der Strategien die einzelnen Organisationen zur Vorplanung hinzugezogen werden, so dass eine Übereinstimmung der Ziele erfolgt, um eine maximale Leistungsfähigkeit zu generieren.

2.3 Operatives Management

Im normativen und strategischen Management wurden Ziele und Strategien entwickelt, die nun von dem operativen Management umgesetzt, überwacht und gesteuert werden sollen. Das operative Management lässt sich in verschiedene voneinander abgegrenzte Bereiche einteilen. Das Personal-, Finanz- und Qualitätsmanagement spielen hierbei eine entscheidende Rolle. Diese Ebene hat die Besonderheiten, dass es die Beschlüsse der anderen Managementebenen nicht in Frage stellt und in der Regel kurzfristig[24] angelegt ist.

2.3.1 Personalmanagement

Das Personalmanagement beschäftigt sich mit der Mitarbeiterführung. Dabei spielen die Themen Kommunikation und Führung eine wichtige Rolle. Unter Führung versteht man eine Managementfunktion, die der zielorientierten Verhaltensbeeinflussung von Mitarbeitern dient[25]. Es wird unterschieden in direkten und indirekten Führungsstil. Bei der indirekten Führung geht es um Rahmenbedingungen, die das Miteinander bestimmen. Dabei handelt es sich zum Beispiel um Unternehmensphilosophie und hierarchische Strukturen. Die direkte Form regelt den direkten Kontakt zwischen Führungskräften und Mitarbeitern.

Eine Grundvoraussetzung um Führung zu übernehmen, ist es die Grundlagen der sozialen Kompetenz zu beherrschen.

2.3.1.1 Führungsinstrumente

Die Führungsstile brauchen sogenannte Führungsinstrumente, um agieren zu können. Die Aufgabe der Instrumente ist es das systematische Verhalten von Führungskräften und Mitarbeitern zu beeinflussen und zu koordinieren. Es gibt verschiedene Konzepte und Begriffsdefinitionen von Führung. Eine Begriffserklärung wird in Abbildung 6 vorgenommen.

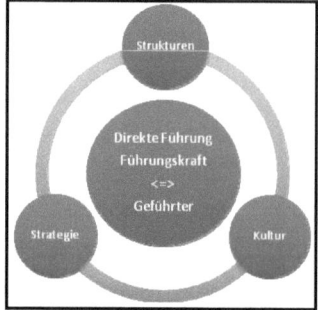

Bei der direkten Führung geht es darum, dem Geführten die Leitplanken zu vermitteln, Informationen zu erklären, ihn zu beraten und

Abbildung 6: Führungsstil

anzuweisen. Darüber hinaus muss der Geführte motiviert werden, da er sonst nicht effektiv arbeiten kann. Der Geführte braucht von der Führungsperson Anerkennung, durch Feedback oder einem jährlichen Mitarbeitergespräch.

Die Führungskraft hat die Aufgabe die Unternehmensleitlinie zu verstehen, zu interpretieren und auf die jeweilige Aufgabe zu übertragen.

2.3.1.2 Management by objectives[26]

Ein Konzept zur Mitarbeiterführung ist das „Management by objectives" (Mbo). Es passt sich in das St. Gallener Management Modell ein, da die oberste Führung die Richtung vorgibt. In der Praxis wird das reine Konzept selten genutzt. In der Regel verwendet man Konzepte, die auf diesem basieren. Das Konzept geht von folgendem menschlichen Verhalten aus:

„Ein Mensch, der seine Ziele kennt, fühlt sich mehr motiviert. Darüber hinaus führt eine Selbstkontrolle zu mehr Leistung und bei unzureichender Leistung würde ein Mensch Fortbildungen in Anspruch nehmen"[27].

Das Mbo hat klar definierte Grundprinzipien und Ziele. Unter anderem steht das Ziel im Vordergrund und nicht das Verfahren. Des Weiteren gibt es des Öfteren Zielüberprüfungen und Anpassungen anhand des Soll/Ist-Vergleichs. Diese Ziele werden zu Beginn gemeinsam mit den Mitarbeitern nach den SMART-Regeln[28] festgelegt.

Das Ziel dieser Vorgehensweise ist es, eine Beurteilungsebene zu schaffen, kreative Freiräume zu lassen (Enpowerment), s.g. Meldepunkte anzubieten und Transparenz zu erzielen. Insgesamt läuft es auf eine optimierte Vereinbarung hinaus.

2.3.2 Finanzmanagement

Das Thema Finanzmanagement ist für ein Unternehmen ein sehr wichtiges Thema, da es für den resultierenden Gewinn verantwortlich ist und messbare Kennzahlen liefert, um bestimmte Prozesse zu kontrollieren und zu optimieren. Des Weiteren beinhaltet dieses Thema auch Teile des Risikomanagements, da in einem Unternehmen versucht wird, mit Hilfe finanzieller Führung Aufwand und Erträge für die Zukunft zu planen, damit keine plötzlichen Ereignisse eintreten.

Im Rahmen des Finanzmanagements gibt es eine unzählig große Bandbreite an Methoden und Modellen. Trotzdem kann man einen gemeinsamen Nenner finden, da die Methoden und Modelle alle das Ziel haben, einen Finanzplan zu erstellen, eine Kostenrechnung durchzuführen und Investitionen zu bewerten. Es wird zwischen Finanzplanung, Steuerung und Kontrolle unterschieden.

2.3.2.1 Finanzplanung

Der Finanzplan ist ein wichtiger Baustein der Planung, da es eine rückwirkende Finanzanalyse beinhaltet, die zu einer Soll und Ist-Analyse benötigt wird. Darüber hinaus wird in diesem Plan eine Prognose erstellt, wie sich die Finanzen im Unternehmen verändern werden, also welche zusätzlichen Kosten und Gewinne anstehen werden. Der Finanzplan hat zugleich auch die Aufgabe alternative Finanzbeschaffungsmöglichkeiten zu finden und zu analysieren. Der letzte Schritt der Planung ist die Rentabilitäts-[29] und Liquiditätskontrolle[30].

2.3.2.2 Finanzsteuerung

Das Cash Management wird verwendet, um die Finanzen zu steuern. Das Ziel ist es Überschüsse gewinnbringend zu verzinsen und Transaktionskosten zu minimieren. Um Überschüsse zu verzinsen, muss eine Liquiditätsplanung vorgenommen werden. Dabei werden die Zahlungseingänge und –ausgänge aufgelistet und saldiert. Die Saldierung zeigt, ob es einen Überschuss oder einen Fehlbetrag gibt. Im Falle eines Überschusses sollte dieser gewinnbringend verzinst werden. Bei Fehlbeträgen ist zu analysieren, woher diese kommen und sollte mit Liquiditätsüberschüssen aus vorherigen Monaten ausgeglichen werden.

Transaktionskosten entstehen, wenn das Unternehmen mit verschiedenen Währungen zu tun hat. Es ist wichtig, dass die Wechselkurse beobachtet werden, damit es nicht zu einem hohen Verlust kommt, wenn das Unternehmen z.B. ein Produkt in ein Fremdwährungsland verkauft.

2.3.2.3 Finanzkontrolle

Das Thema Finanzkontrolle ist die bekannteste Phase des Finanzmanagement, da sie viele bekannte Methoden beinhaltet, die sowohl Klein- als auch Großunternehmen verwenden. In diesem Zusammenhang werden die Kosten- und Leistungsrechnung und die Investitionsrechnung durchgeführt. Die Kosten- und Leistungsrechnung zeigt, welche Kosten anfallen und verteilt sie auf ihre Verursacher. Damit ist es möglich die Kosten zu kontrollieren und zu analysieren, wo die höchsten fixen und variablen Kosten anfallen und gegebenenfalls diese zu senken. Die Kosten- und Leistungsrechnung ist in der Lage einen Soll/Ist-Vergleich vorzunehmen, was es erleichtert die Finanzen zu kontrollieren.

Bei Neuanschaffungen ist es von Relevanz zu wissen, ob die Anschaffung sich rechnet und wenn ja auf welche Dauer. Diese Indizien kann man mit Hilfe der Investitionsrechnung herausfinden. Es gibt statische und dynamische Methoden, um eine Investition zu bewerten. Bei den dynamischen Methoden werden die anfallenden Kosten periodengerecht verteilt und mit den kalkulatorischen Zinsen verrechnet.

Folgende Methoden in der Investitionsrechnung gibt es:

Statische Methoden	Dynamische Methoden
Kostenvergleichrechnung	Kapitalwertmethode,
Gewinnvergleichsrechnung	Annuitätenmethode
Amortisationsrechnung	dynamische Amortisationsrechnung
Rentabilitätsrechnung	Endwertmethode

Tabelle 3: Übersicht Investitionsrechnung

2.3.3 Qualitätsmanagement

Das Qualitätsmanagement ist für ein Unternehmen aus verschiedenen Gründen ein interessantes Thema, denn es ist zum Beispiel für ein produzierendes Unternehmen wichtig, die Qualität ihrer Produkte zu sichern bzw. zu verbessern. Das

Qualitätsmanagement hat die Aufgabe die Qualität von Produkten, Leistungen und Prozessen zu verbessern.

Mithilfe des Qualitätsregelkreises werden die einzelnen Schritte, die bei dem Qualitätsmanagement wichtig sind, beschrieben. Der Regelkreis besteht aus der Qualitätsplanung, -lenkung, -sicherung und -prüfung. Das Thema Qualitätsplanung wird bei dem St. Galler Management-Modell von dem normativen Management übernommen.

2.3.3.1 Qualitätslenkung

In der internationalen Norm ISO 9000 ist geregelt, dass die Qualitätslenkung die Erfüllung der Qualitätsanforderungen als Aufgabe hat. Dabei geht es um Methoden, Prozesse zu überwachen, als auch Qualitätsprobleme zu beseitigen. Eine Methode in diesem Zusammenhang ist das Reklamationsmanagement. Hierbei wird die Unzufriedenheit des Kunden mit dem jeweiligen Produkt, Dienstleistung oder Prozess gemessen und es wird versucht, die Beschwerde aus dem Weg zu räumen, damit die Kundenbeziehung wieder hergestellt werden kann. Es ist von hoher Bedeutung, dass die Beschwerde schnell am richtigen Ort ankommt, damit man prüfen kann, ob es sich um eine Einzelbeschwerde handelt oder um z.B. einen Produktionsfehler. Ein weiteres Instrument der Lenkung ist die Dokumentation, damit es den Korrekturprozess beschleunigt und den betroffenen Stellen dieselbe Information vorliegen.

2.3.3.2 Qualitätssicherung

Die Qualitätssicherung hat das Ziel die Qualitätsanforderungen einzuhalten. Jedes Produkt eines Unternehmens soll laut dieser Definition die gleiche Qualität haben. Dieser Schritt passiert schon vor der Produktion. In diesem Schritt wird festgelegt, wie das Produkt produziert wird und welchen Qualitätsansprüchen es genügen soll. Darüber hinaus soll das Produkt genau definiert werden, damit später Fehler in der Produktion vermieden werden können. Auf Grund dessen ist die Dokumentation in diesem Schritt besonders wichtig, da es die Grundlage für eine fehlerfreie Produktion ist. Die Qualitätssicherung überprüft, ob die gesetzlich festgesetzten Regeln für die Güter eingehalten werden. In der modernen Qualitätssicherung geht man sogar einen Schritt weiter und überlegt, wie man den Arbeitsprozess so organisieren kann, damit es einen flüssigen Prozess geben kann.

2.3.3.3 Qualitätsprüfung

Die Qualitätsprüfung ist der letzte Punkt im Regelkreis. Das Ziel ist es die Qualität für eine Vielzahl von Produkten zu gewährleisten. Dazu werden die Materialien des Lieferanten auf Mängel überprüft, damit es später in der Produktion zu keinem Wertverlust kommen kann. Des Weiteren wird das Endprodukt mit objektiven Prüfverfahren überprüft, soweit es das Produkt zulässt. Bei Dienstleistungen oder Prozessen wird eine Befragung durchgeführt, da es keine objektiven Prüfverfahren gibt, die diese bewerten könnten.

3. Fazit

Das ursprüngliche St. Gallener Management-Modell ist auf den ersten Blick ein transparentes Modell, welches in drei Ebenen gegliedert ist. Die grafische Darstellung ist leicht zu verstehen. Das Problem ist, dass nach genauerem Hinschauen, die Komplexität des Modells zunimmt. Die einzelnen Ebenen sind in sich abgeschlossene Managementsysteme, die man sich erarbeiten muss, um sie zu nutzen. Auf der anderen Seite erfüllt das Modell die im Vordergrund liegende Aufgabe, Unternehmensführung in Ebenen zu gliedern und diese in eine hierarchische Ordnung zu bringen. Das Kernmodell ist in den weiteren Entwicklungen erhalten geblieben, was für seine Bewährtheit spricht. Inhaltlich wird dies durch die Tatsache unterstützt, dass die Managementsysteme voneinander getrennt weiterentwickelt werden können, ohne das Grundmodell, welches nur ein Bezugsrahmen ist, zu verändern.

4 Anhang

4.1 EFQM-Modell for Business Excellence

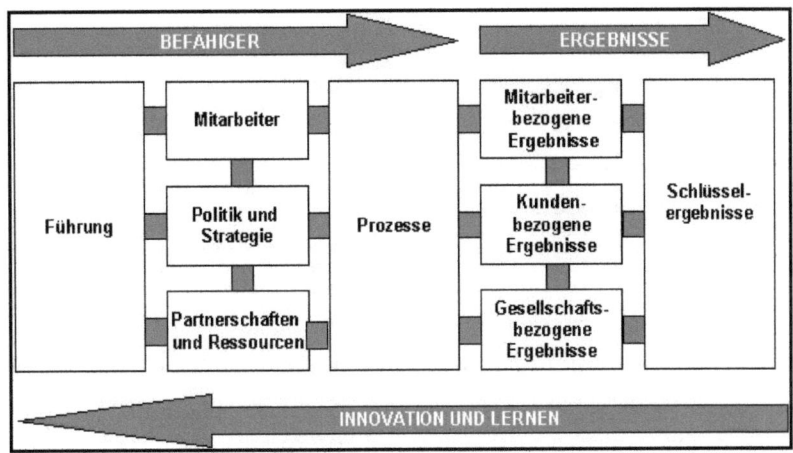

(Quelle: http://www.tqm.com/methoden/efqm/EFQM.jpg)

4.2 Exkurs: Das neue St. Gallener Management-Modell

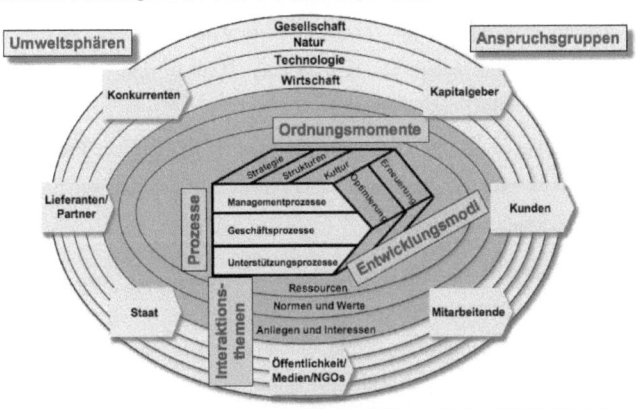

Das neue St. Gallener Management-Modell wurde 2002 entwickelt und wird auch „HSG-Ansatz einer integrierten Managementlehre" genannt. Das Modell ist im

Vergleich zu vorher viel komplexer geworden. Es gibt in dem neuen Modell sechs Teilbereiche:

- Umweltphären
- Anspruchsgruppen
- Interaktionsthemen
- Prozesse
- Ordnungsmomente
- Entwicklungsmodi

Man unterscheidet dabei zwischen externen und internen Bereichen. Die externen Bereiche sind Umweltsphäre, Anspruchsgruppen und Interaktionsthemen. Unter Umweltsphären versteht man verschiedene Umweltfaktoren, die auf ein Unternehmen wirken. Dabei handelt es sich um die Gesellschaft, die Natur, Technologie und Wirtschaft. Diese Faktoren sind dynamisch und beeinflussen jedes Unternehmen anders. Anspruchsgruppen sind Kunden und Marktbegleiter, die in Wechselwirkung mit dem Unternehmen stehen. Typische Anspruchsgruppen sind Investoren, Lieferanten und Kunden. Es gibt auch Marktbegleiter, die einen negativ beeinflussen. Solche werden auch als Anspruchsgruppe definiert. Wenn ein Unternehmen mit ihren Anspruchsgruppen in Kontakt treten, spielen die Interaktionsthemen eine Rolle, da sie ein Gespräch vorbestimmen bzw. den Verlauf mit beeinflussen. In diesem Zusammenhang sind die Themen Normen und Gesetze, verfügbare Ressourcen und Anliegen und Interesse von Belang. Dabei sind die vertretenden Werte die Weltanschauung des Unternehmens.

Neben diesen externen Faktoren gibt es noch die Bereiche Prozesse, Ordnungsmomente und Entwicklungsmodi. Das Thema Prozesse ist gegliedert in drei Punkte:

- Managementprozess
- Geschäftsprozess
- Unterstützungsprozess

Die Managementprozesse sind die aus dem ursprünglichen Modell übernommenen Ebenen (normatives, strategisches und operatives Management). Der Geschäftsprozess befasst sich nur mit Kunden. Es gibt drei Unterprozesse, die genau beschreiben, was Geschäftsprozess in diesem Zusammenhang zu bedeuten hat: Markenführungsprozesse, Kundenakquisitionsprozesse und Kundenbindungsprozesse. Unterstützungsprozesse sind z.B. Weiterbildungsmöglichkeiten.

Die Ordnungsmomente bestimmen die Struktur, die Strategie und die Kultur innerhalb des Unternehmens. Die Struktur gibt vor, in welcher hierarchischen Konzeption das Unternehmen aufgebaut ist. Die Strategie unterscheidet sich von dem Strategiemanagement aus den Managementprozessen, da es hierbei um Kooperationsmöglichkeiten und Kernkompetenzen geht. Die Kultur beinhaltet die Unternehmensphilosophie.

Der allein stehende Bereich Entwicklungsmodi gibt dem Unternehmen die Möglichkeit sich weiterzubilden und auf Grund dessen zu optimieren.

5 Quellenverzeichnisse

5.1 Endnoten

[1]Die Universität St. Gallen wurde am 28. Mai 1898 gegründet und liegt im Ort St. Gallen in der Schweiz.

[2]ein eingeschränkter Bereich, in dem man etwas einordnen kann

[3]Ein komplexes System ist ein Verbund von Elementen, die aus einer Vielzahl von miteinander verbundenen und interagierenden Teilen besteht und so schwer zu durchblicken ist. Hier: Unternehmen als komplexes System

[4]Ein Orientierungsraster ist ein Schema, in dem man Elemente anordnet, um sich an diesen zu recht zu finden.

[5]Definierung von Qualitätsanforderungen durch eine Zertifizierungsstelle, z.b. DIN, EN, ISO

[6]vgl. U. Greßler, R. Göppel, Qualitätsmanagement, Seite 6

[7]lat. innewohnend

[8]zitiert nach DIN EN ISO 9000

[9]Deutsches Institut für Normung

[10]Europäische Norm

[11]International Organization for Standardization

[12]„Alle Tätigkeiten des Gesamtmanagements, die im Rahmen eines Qualitätsmanagementsystems die Qualitätspolitik, die Ziele und Verantwortlichkeiten festlegen, sowie diese durch Mittel wie Qualitätsplanung, Qualitätslenkung, Qualitätssicherung und Qualitätsverbesserung verwirklichen" (zitiert nach DIN EN ISO 8402)

[13]vgl. die Definition des umfassenden Qualitätsmanagements aus DIN EN ISO 9000

[14]unternehmerische Spitzenleistung in der Führung eines Unternehmens

[15]Langfristige Gültigkeit beschreibt einen Zeitraum von mindestens 5 Jahren.

[16]Interne Ausrichtung bezieht sich auf Faktoren, die im Unternehmen vorkommen.

[17]Externe Ausrichtung bezieht sich auf Faktoren, die am Unternehmen anknüpfen oder nur in Entfernung etwas mit ihm zu tun haben.

[18]Eine Ressourcenbasis beschreibt die Ressourcen (wie zum Beispiel liquide Mittel), die einem Unternehmen zur Verfügung stehen.

[19]Top Management sind die Manager, die die höchste Position im Unternehmen haben und somit in der Hierarchie ganz oben angesiedelt sind.

[20]STEP Analyse ist auch unter der PEST Analyse bekannt.

[21]Produktpolitik ist eines der vier Aktionsinstrumente aus dem Marketing und bildet mit ihnen den Marketing-Mix.

[22]Inflation beschreibt die anhaltende Preissteigerung und den damit verbundenen Kaufkraftschwund und die daraus resultierende Geldentwertung.

[23]Der Shareholder Value ist ein Konzept bei dem die Gewinnmaximierung und die Erhöhung des Unternehmenswerts im Vordergrund stehen.

[24]zitiert nach Wunderer, Personalmanagement, 2003

[25]bedeutet in diesem Zusammenhang ungefähr ein Jahr

[26]deutsch: Führen durch Zielvereinbarung

[27]zitiert nach Wunderer, Führung und Zusammenarbeit, 2001

[28]SMART: Spezifisch, Messbar, Anspruchsvoll, Realisierbar, Terminiert

[29]Verhältnis zwischen Gewinn und eingesetzten Kapital

[30]flüssige Mittel

5.2 Literaturverzeichnis

(1) genutzt von Christopher Krause

Bücher:

1. Brockhaus Enzyklopädie in 15 Bänden. 20. Auflage. F. A. Brockhaus, Leipzig & Mannheim 1997

2. Birkigt, K., Stadler, M.M., Funck, H.J., Corporate Identity, 9. Auflage. Moderne Industrie Verlag, Landsberg 1998

3. Bleicher, Knut: Das Konzept integriertes Management, 7. Auflage. Campus Verlag, Frankfurt 2004

4. Greßler, U., Göppel, R.: Qualitätsmanagement, 5. Auflage. Stam Verlag, Troisdorf 2006

5. Kieser, A., Oechsler, W.A.: Unternehmungspolitik, 2. Auflage. Schäffer-Poeschel Verlag, Stuttgart 2004

6. Stauss, Bernd: Qualitätsmanagement und Zertifizierung – Von DIN ISO 9000 zum Total Quality Management, 1. Auflage. Gabler Verlag, Wiesbaden 1994

Einsicht und Zitierung der DIN Normen mit freundlicher Genehmigung des Deutschen Normenwerkes; Auslegestelle: Betzdorfer Straße 2, 50679 Köln

Technische Medien:

7. Microsoft Encarta 2007 Wissen und Lernen, DVD-ROM, 2006

Internetseiten:

8. http://archiv.tu-chemnitz.de/pub/2001/0004/data/2_managementsysteme_
und_ihre_.htm, 02.07.2009

9. http://www.wirtschaftslexikon24.net/d/unternehmensverfassung/unternehmensv
erfassung.htm, 05.07.2009

10. http://www.wirtschaftslexikon24.net/d/unternehmenskultur/unternehmenskultur.
htm, 05.07.2009

(2) genutzt von Jan Reiter

Bücher:

1. Autor: Harald Hungenberg - Titel: Strategisches Management im
Unternehmen. Ziele, Prozesse, Verfahren Gabler, Auflage: 3. –
ISBN: 978-3409330633

2. Autor: Harald Hungenberg, Jürgen Meffert - Titel: Handbuch
Strategisches Management Gabler; Auflage: 2., überarb. u. erw. A.
(13. Mai 2005) – ISBN: 9783409223126

3. Autor: Franz Xaver Bea, Jürgen Haas – Titel: Strategisches
Management Lucuis & Lucius Auflage 3 - ISBN: 3-8252-1458-3

4. Autor: Günter Stewens, Christoph Lechner – Titel: Strategisches
Management: Wie strategische Initiativen zum Wandel führen -
ISBN: 978-3791024677

5. Autor: Harro von Senger - Titel: 36 Strategie für Manager –
ISBN: 978 3492246491

6. Autor: Rolf Dubs– Titel: Einführung in die Managementlehre –
ISBN: 978-3258075280

Technische Medien:

1. C:\FHDW\Soziale Kompetenzen\St. Gallener Mgt Modell.ppt -
Autor: Prof. Dr. Klaus Eckrich

Internetseiten:

1. www.malikmzsg.ch/corporate/htm/532/de/St.GallerManagement Mod11.htm
2. http://www.ruhr-uni-bochum.de/pop/teil2.pdf
3. http://www.olev.de/s/strat_Management.htm
4. www.unisg.ch/hsgweb.nsf/wwwPubhomepage/webhomepageger? opendocument
5. http://www.4managers.de/themen/strategische-planung/

(3) genutzt von Thomas Haber

Bücher:

1. Hormuth, Mark W.: Recht und Praxis des konzernweiten Cash Managements: Ein Beitrag zur Konzernfinanzierung", Berlin 1998
2. Bruch, Heike: Controlling Kompendium Ausbildung und Praxis, 3.Auflage, Schäffer-Poeschel, Stuttgart 2003
3. Wunderer, Rolf: Personalmanagement - Quo vadis?, 2.Auflage. Luchterhand, Neuwied 2001
4. Seghezzi, Hans Dieter: Integriertes Qualitätsmanagement, 2.Auflage, Hanser, München 2003
5. Rüegg-Stürm, Johannes: Controlling für Manager, Campus-Verlag, Frankfurt am Main 1996
6. Spremann, Klaus: Wirtschaft, Investition und Finanzierung, 5.Auflage, Oldenbourg, München 1996
7. Dubs, Rolf: Einführung in die Managementlehre, Haupt, Bern(Schweiz) 2004 (Band 1 und 2)
8. Jean-Paul Thommen: Management-Kompetenz, 1.Auflage, Gabler, Wiesbaden 1995
9. Rolf Wunderer: Führung und Zusammenarbeit, 4.Auflage, Luchterhand, Neuwied 2001

Internetseiten:

1. http://www.wirtschaftslexikon24.net/d/qualitaetssicherung/qualitaetssicheru ng.htm, 6.Juli 2009
2. http://www.qmb.info, 7.Juli 2009

3. http://www.managementpraxis.ch/praxistipp_view.cfm?nr=125, 7.Juli 2009
4. http://www.seminarspiegel.de/binary/7450.pdf, 7.Juli 2009
5. http://www.innopedia.eu/display/IO/1+Das+neue+St.+Galler+Management-Modell, 10.Juli 2009

5.3 Bildverzeichnis

Abbildung 1: eigene Visio-Zeichnung

Abbildung 2: http://upload.wikimedia.org/wikipedia/commons/9/98/Stakeholder_in-ex.png

Abbildung 3: eigene Visio-Zeichnung

Abbildung 4: vgl Hungenberg, Strategisches Management im Unternehmen. Ziele, Prozesse, Verfahren, S.6

Abbildung 5: eigene Zeichnung, vgl. Hungenberg, Strategisches Management im Unternehmen. Ziele, Prozesse, Verfahren, S. 10

Abbildung 6: nachgezeichnet aus Bruch, Heike: Controlling Kompendium Ausbildung und Praxis, 3.Auflage, Schäffer-Poeschel, Stuttgart 2003

5.4 Tabellenverzeichnis

Tabelle 1: Instrumente des „Identitäts-Mix"

Tabelle 2: Grundsätze der Unternehmensverfassung

Tabelle 3: Übersicht Investitionsrechnung